AF370942

Extrait de la *PHILOSOPHIE POSITIVE*. Revue dirigée par MM. É. Littré
et G. Wyrouboff. — Mars-Avril 1876.

NOTES SOCIOLOGIQUES

Multi pertransibunt, sed augebitur scientia.

1. — *Le problème sociologique.*

La science sociale, comme on sait, en est encore à chercher sa
éritable voie. Depuis Comte, qui a nettement posé le problème
'une science sociale continuant la série scientifique, arrêtée, de son
emps, à la biologie, cette question a traversé une phase impor-
ante de son développement, mais une phase initiale et préparatoire
eulement. On peut dire que le problème sociologique est pro-
ondément entré dans la conscience scientifique de l'époque,
ais qu'il n'en est point ressorti encore sous sa forme objective,
'est-à-dire comme science sociale constituée. A cet égard, un
'avail d'élaboration lente, quoique sûre, se poursuit activement
ans les esprits, sans toutefois avoir, jusqu'à présent, produit les
ésultats espérés.

Des erreurs nombreuses et capitales ont été commises. Il serait
uéril de s'en étonner, c'est à ce prix que les grandes idées
eviennent la propriété des multitudes. On a marié la nou-
elle science à tous les systèmes métaphysiques qui se par-
agent encore la faveur du public, on l'a poussée tour à tour
ans les bras de toutes les préconceptions courantes, de toutes
es hypothèses populaires, de tous les jugements traditionnels et
le toutes les nouveautés scientifiques à la mode. Il ne faudrait
ourtant pas s'en plaindre. Des germes féconds ont pu être

faits ne passent pas le plus souvent inaperçus et inobservés et si
par conséquent, ils ne sont pas comme non-existants pour la cons
cience humaine. Quant à moi, je ne crois pas à ce prétendu dénue
ment d'observations sociales. La masse des faits sociaux connu
de tout le monde me paraît pouvoir parfaitement soutenir la com
paraison avec les faits connus des autres domaines scientifiques
Il n'en saurait être autrement, en vérité ; et on le comprend très
bien, quand on songe à l'intérêt immense que cette espèce de fait
présente et a toujours présenté à l'humanité à toutes les époques
La sociologie a cela de commun avec la partie « introspective
de la psychologie, qu'à ne considérer que la masse et la valeu
pratique des connaissances accumulées depuis des siècles, ce
deux disciplines peuvent être également placées au premier ran
des sciences par leur richesse, leur abondance gnostique
L'homme connait tant et tant de choses sur lui-même, sur sa psycho
logie intérieure, ainsi que sur sa psychologie extérieure, ses rela
tions avec ses semblables ; je doute qu'il en sache plus, au point d
vue de la quantité seule, sur la nature. Consultez les moralistes, le
philosophes, les poëtes, et la liste interminable des auteurs de tou
les pays et de tous les temps qui ont fait de l'homme leur étude spé
ciale ! Quelle mine inépuisable d'observations psychologiques e
sociologiques ! Dans le drame, dans le roman, la vie sociale ave
ses innombrables relations de personnes et de choses se dérou
toute entière aux yeux du lecteur et du spectateur. On dirait un
science infuse, une science qu'on respire, sans s'en douter, pa
tous les pores. La société a tant d'intérêt à connaitre tout ce qui
concerne, qu'elle ne s'est jamais fait faute de relever, individue
lement et collectivement, une masse de détails, une quantité im
mense de faits sociaux ayant tous les degrés imaginables d'impor
tance. Tel vieil adage, tel dicton populaire ou juridique résum
quelquefois toute une théorie sociale, renferme des trésors de sa
gesse politique, exprime une loi fondamentale du monde socia
Et ceci me conduit à rappeler qu'il y a encore deux filons d'ob
servations sociales extraordinairement riches et qui n'ont presqu
pas été touchés par la bêche des sociologistes modernes : c'est
morale et le droit. Qu'est-ce, en effet, que la morale ou plutôt c
qu'on appelle les principes universels de la morale, si ce n'est u
résidu particulier des faits sociaux, un rejaillissement ou réflé
chissement, plus ou moins conscient ou inconscient, des lois le
plus intimes de l'organisation sociale ?

En vérité, il me paraît impossible de ne pas voir, que le seul
fondement objectif acceptable des principes de morale, — du moins
de ceux d'entre eux qui appartiennent à tous les pays et à toutes les
époques et qu'on nomme populairement éternels, immuables, etc.,
— ne peut être que l'organisation, la structure intime de la société
et les lois qui régissent cette structure et son fonctionnement
naturel. Une infraction quelconque à ces lois est aussitôt ressentie
comme une peine ou une douleur morale, un acte mauvais ou
immoral, une injustice, enfin un crime. Ce sont là des gradations
ou variations d'un seul et même phénomène. Le droit apparaît ici
comme une excroissance naturelle de la morale, un ensemble de
phénomènes sociaux qui s'attache spécialement à une seule série de
ces variations. Il est vrai qu'Aristote encore a prétendu « qu'il n'y
avait pas de droit dans ce sens, comme le feu qui brûle de la même
manière chez les Perses et les Grecs; » mais il était réservé à la
science sociale de nos jours de prouver que ceci n'était vrai que
dans certaines limites de variabilité et de modification, qui dépen-
dent essentiellement de la simplicité ou de la complexité relative
des phénomènes. La science juridique, si routinière et si étroite
dans ses vues de détails, et souvent si scolastique dans ses vues
d'ensemble, est pourtant parvenue déjà à comprendre la
véritable nature du droit, cette propriété qui le distingue, d'être
immanquablement dans les choses avant d'être dans la loi; elle
sait que légiférer n'est pas inventer, imaginer, créer, mais trou-
ver, découvrir, un procédé de science sociale. Toute philosophie du droit, qui respecte un peu et la philosophie et le droit, est
unanime aujourd'hui sur ce point, qu'aucun serment, aucune péna-
lité, aucune caution, aucune majorité, aucune voix de Dieu ou du
peuple, ne saurait garantir et perpétuer un droit positif contraire
à la nature des choses sociales ou ne répondant plus aux exigences
d'une nouvelle phase de croissance ou de développement de la société. Dans l'histoire du droit, interprétée d'une manière scientifique, nous avons donc, à un certain point, un véritable cabinet d'histoire naturelle de la société, une sorte de muséum social, où l'on
ne saurait faire de trop longues haltes et de trop sérieuses
études.

Ceci s'applique également à l'histoire de la morale, qui est le
fondement du droit ou plutôt le droit lui-même, vu d'un autre côté
et surtout de plus haut. La morale qu'on enseigne et qu'on inculque
doit être définie : l'hygiène sociale. Les préceptes et les règles de

semblance entre les phénomènes qu'elles étudient, tous les procédés logiques sans exception et tous les moyens d'investigation que
leur offre la constitution intime de notre esprit — on ne peut ni
ne doit nier, en fait, que chaque science possède ce que l'on est
convenu d'appeler des méthodes particulières, c'est-à-dire une
technologie spéciale, un choix d'artifices efficaces, une adaptation
particulière des méthodes générales aux exigences de chaque cas
particulier, aux conditions diverses dans lesquelles se trouve
l'observateur ou le phénomène à observer, etc., etc. En un mot,
les méthodes particulières de chaque science sont, à proprement
parler, des outils de travail; et, si cet outillage n'est pas exactement le même, quant aux détails, pour toute les sciences, car le
travail à accomplir est différemment conditionné dans chacune,
néanmoins ces distinctions ne se rapportent ni à la matière première de l'outillage en question — c'est-à-dire, aux méthodes
logiques générales — ni, peut-être même, aux traits les plus
essentiels de sa construction intérieure. En effet, beaucoup de
divergences caractéristiques, quant aux procédés particuliers de
chaque science, s'expliquent par des considérations de temps, de
lieu et surtout d'évolution, et apparaissent ou disparaissent à mesure que changent ces conditions extérieures; en tout cas, une
grande partie de ces différences dépend du degré de développement atteint à un moment donné par chaque branche de la connaissance humaine. Ainsi, quoique les mathématiques fonction-
nent autrement, quant au rapport méthodologique, que la physique ou la chimie, et quoique celles-ci, à leur tour, diffèrent
sensiblement, à cet égard, de la biologie, nous voyons de nos
jours s'effectuer un rapprochement marqué entre la première de
ces sciences et le groupe des sciences inorganiques. Enfin, il est
impossible de ne pas constater, que les différentes sciences forment par rapport à l'outillage spécial d'investigation qui leur est
propre, non pas des unités isolées et indépendantes l'une de l'autre,
mais des groupes renfermant plusieurs sciences à la fois; que
ces groupes réunissent les sciences dites voisines dans la classification généralement adoptée aujourd'hui; et que cette double
association de sciences et de méthodes particulières est fondée
sur une communauté d'attributs objectifs qu'on désigne par le
terme général de complexité plus ou moins grande des phénomènes.

Mais de tout ceci, il ressort avec évidence, qu'il ne suffit pas du tout d'indiquer à une science les méthodes logiques générales qu'elle peut ou doit suivre, pour qu'incontinent cette science commence sa tâche et entre dans la voie d'un développement régulier ; comme il ne suffit pas de donner à un ouvrier des morceaux de fer ou d'acier pour lui fournir l'outillage nécessaire à son travail. À l'un il faut un soc, à l'autre une hache, au troisième un marteau. Tant qu'une science ne connaît pas, ou n'a pas élaboré ses méthodes particulières, il lui manque quelque chose d'essentiel : c'est une science qui n'est pas constituée. Tel est encore l'état où se trouve la science sociale, et le problème sociologique qu'une philosophie générale des sciences est appelée à résoudre, se présente naturellement sous cette forme : quelle est la technologie spéciale de la science sociale, ou bien encore qu'est-ce qui manque à la sociologie pour être une science constituée ?

A la question ainsi posée, nous répondons : *ce qui manque à la science sociale, c'est une histoire naturelle de la société, c'est une description, la plus comparée et la plus analytique possible, des phénomènes sociaux*. En d'autres termes, ce qui fait défaut à la science sociale, c'est de comprendre, que, tout en étant une science abstraite, elle est, par la nature même des phénomènes qu'elle observe, une science essentiellement *descriptive*. C'est là, en deux mots, la thèse que nous défendons ici. Ces termes : abstrait et descriptif, appliqués à un corps de doctrines scientifiques, passent ordinairement pour être contradictoires ou, du moins, contraires. C'est à tort croyons-nous.

Mais, avant de parler de l'outillage spécial de la science sociale, disons quelques mots des matériaux auxquels il devra être appliqué et qui, grâce à son emploi judicieux, pourront enfin recevoir leur forme scientifique ; car, après tout, qu'est-ce que la science sinon une vaste et grandiose manufacture, qui donne aux produits bruts de la nature — aux faits de tout genre et de toute espèce, journaliers ou séculaires, sautant aux yeux ou passant pour la plupart inaperçus — la forme ou la façon qui seule peut les rendres propres à un éternel usage, à la direction puissante des forces combinées de l'humanité ?

Personne, certes, ne prétendra qu'il y ait jamais pu avoir, à aucune époque historique, ce qu'on pourrait appeler une disette de faits sociaux. Autant vaudrait nier l'existence, à cette époque, de la société. Mais on peut se demander, même de nos jours, si ces déposés de cette manière, et, très-certainement, ils l'ont été. *Multi pertransibunt, sed augebitur scientia.*

Trois aberrations ont surtout été grosses de conséquences. On a jeté la science sociale dans les voies déductives; on a nié son caractère de science abstraite, et on l'a représentée comme une science essentiellement concrète, en tout point semblable à la géologie ; enfin, on lui a donné pour guide une lueur trompeuse : l'analogie universelle. Des penseurs remarquables ont attaché leurs noms, justement célèbres à tant d'égards, à ces vues, qui, d'ailleurs, se touchent évidemment de près ; et la foule des chercheurs n'a pas manqué de suivre docilement ces hautes autorités.

Mais qu'est-ce une erreur la plupart du temps, sinon une portion de vérité ? En appelant erronées telles solutions du problème sociologique que je ne saurais admettre, je ne veux donc que constater leur caractère de vérités incomplètes ou partielles. Et, d'autre part, en reprenant, à mon tour, dans les pages suivantes, ce même problème à un point de vue qui me parait différer sensiblement de ceux auxquels il a été principalement traité jusqu'à présent, je n'ai pour me soutenir dans ma tâche qu'une seule espérance et qu'une seule ambition : tomber dans des erreurs moindres ou atteindre des vérités moins incomplètes que celles qui sont contenues dans les opinions que je combats.

Il est facile de voir que le débat engagé porte principalement sur une question de méthode. Mais il faut s'entendre à ce sujet. Aujourd'hui, il ne s'agit plus d'opter, pour la nouvelle science qu'on désire « constituer », entre la méthode objective, qui moule ses conceptions sur les réalités, qui parcourt successivement les trois termes de toute recherche : une observation, une conjecture, une vérification, et dont la fonction essentielle est de maitriser entièrement ce dernier terme, et entre la méthode subjective qui moule les réalités sur ses conceptions, s'arrête au second terme de la recherche, et ne saurait aller au delà de l'hypothèse pure et simple. Il ne s'agit même plus de choisir entre l'induction proprement dite et la déduction. Les progrès de la psychologie moderne et les discussions si souvent renouvelées sur la méthode ne laissent plus subsister aucune obscurité impénétrable, aucun doute grave à l'égard de l'unité fondamentale de la méthode générale des sciences. On sait maintenant, à ne plus en douter, que c'est l'association psy-

chique, fondée non pas sur la contiguïté des sensations dans le
temps et l'espace, ce qui donne lieu aux phénomènes plus simples
de la perception, mais sur des rapports de ressemblance, qui est
la source unique et le seul fondement de la classification, de
l'abstraction, de la définition, de l'induction, de la généralisation,
du jugement, du raisonnement, de la déduction. de l'analogie.
Il est certainement démontrable que toutes ces opérations se
réduisent également à associer des idées qui se ressemblent,
diffèrent ou se ressemblent et diffèrent tout à la fois. Tous ces
procédés de l'esprit peuvent, par un effort psychique particulier,
être considérés séparément : mais, jamais dans aucune recherche
sérieuse et de longue haleine, ils ne pourraient être pratiqués
les uns sans les autres. Ils se tiennent tous, ils se complètent,
ils se remplacent mutuellement, ils s'entre-aident et s'associent
intimement dans l'accomplissement d'une seule et même fonction.
Il y a longtemps déjà qu'on a comparé, plus spécialement, l'induction et la déduction aux deux phases cardiaques, la systole et la
diastole, qu'on ne saurait évidemment faire fonctionner isolé-
ment même pendant un instant. A cette comparaison si juste,
j'en ajouterai une autre empruntée aussi à la science de la
vie, mais possédant de plus cet avantage d'indiquer la distinction à faire entre les deux aspects connexes de la méthode
scientifique. Une science abstraite, exclusivement déductive ou
même telle que la déduction y jouerait un rôle prépondérant, res-
semblerait à un homme qui voudrait être nourri — je dis nourri
et non pas aidé dans sa nutrition — de son suc gastrique. Je le
répète donc : il ne s'agit plus ni d'attribuer à la science sociale un
caractère exclusivement déductif, qui lui est aussi étranger qu'à
toutes les autres branches de la connaissance humaine, sans
même en excepter les mathématiques, ni d'en faire cette science
étrange et sans pareille qui se refuserait obstinément à vérifier
ses inductions à l'aide des ressources incomparables de la logique
déductive ou syllogistique.

Mais la question de méthode ne s'épuise pas tout entière par
des généralités de ce genre. A côté de la théorie il y a la pratique;
et, si la première peut gouverner la seconde, c'est à cette seule
condition que celle-ci sera toujours consultée, et qu'il sera fait
selon ses besoins, si ce n'est pas toujours selon ses désirs. En
admettant donc théoriquement que toutes les sciences emploient
à la fois, pour constater des relations de ressemblance et de dis-

la morale sont de véritables préceptes d'hygiène et de conservation
non individuelle, mais sociale. En ce sens, il n'y a pas, et il ne sau
rais jamais y avoir de morale individuelle. La morale et l'hygiène
traitées comme des sciences dérivées ou d'application, réfléchisser
exactement, l'une, l'organisation sociale, l'autre, l'organisatio
physiologique; et, prises ensemble, elles forment probablemer
la branche la plus importante de nos connaissances pratiques
L'une sert directement à la conservation de la société, et, indi
rectement, de ce qu'on appelle aujourd'hui l'homme social
l'autre, à la conservaton de l'individu, de l'homme physiologiqu
Un principe de morale transgressé est ressenti par le corps socia
comme une injustice, exactement de la même manière qu'un
règle d'hygiène violée est ressentie par le corps animal comm
une douleur physique. A force d'être répétée, la transgressio
morale aboutit infailliblement à un état permanent de corrup
tion sociale, comme les règles de l'hygiène, à force d'être vio
lées, se vengent toujours en produisant la maladie. Nous sup
posons que l'homme isolé, c'est-à-dire l'homme comme il n'
jamais existé, est incapable de ressentir une injustice. Directe
ment, cette hypothèse est invérifiable; mais indirectement, et pa
approximation, elle se vérifie complétement par l'étude comparé
des tribus sauvages et des nations civilisées.

Cette vue sur la morale et le droit me paraît posséder encor
l'avantage de pouvoir expliquer d'une manière satisfaisante l'ori
gine et le développement progressif de l'altruisme, cette pierr
d'achoppement de la psychologie fondée sur la physiologie. En effe
le sentiment altruiste ne saurait être, à mon avis, représen
comme un complément organique originaire du sentiment égoïst
ou comme l'indispensable second plateau d'une balance, dont
premier plateau serait formé par l'instinct de conservation commu
à tous les animaux. Cette balance s'établit un jour, il est vrai, ce
est un fait indiscutable; de plus, je ne veux nullement nier qu'
existe, au sein de l'organisme vivant, des prédispositions pure
ment physiologiques, une aptitude cérébrale ou nerveuse quelco
que, des tendances héréditaires, enfin, ce que Kant et son éco
appellent des formes innées, qui sont des conditions biologiqu
évidemment nécessaires pour qu'un être vivant puisse ressentir l
sentiments si complexes de la sympathie. Ce que je nie d'une ma
nière absolue, c'est que les sentiments sympathiques ou, en u
seul mot, l'altruisme, soit non-seulement un sentiment simple

mais encore un sentiment d'ordre organique, comme l'est, à coup sûr, l'égoïsme. Ce dernier est positivement un instinct biologique : c'est l'instinct de conservation vitale. L'altruisme, au contraire, prend sa source non pas dans le jeu exclusif des conditions physiologiques, mais principalement dans le jeu des conditions sociales. En conséquence, l'altruisme peut être défini : l'instinct de conservation des collectivités humaines ou sociétés. Et de même que l'instinct de conservation vitale ne saurait présider originairement aux phénomènes organiques ou en être une cause initiale, mais doit être considérée comme un produit naturel de certaines propriétés préexistantes, de même l'instinct de conservation sociale ne saurait présider originairement à la formation des sociétés, ou en être la cause primordiale, mais doit être considéré comme le produit nécessaire et le plus précieux de l'association humaine, cette propriété fondamentale de la science des sociétés. Je crois que l'égoïsme, avec tous ses corollaires psychiques ou psychophysiques, suffit amplement à expliquer la formation des premières ébauches de sociétés et l'apparition sur le globe de cette nouvelle propriété fondamentale de la matière : la sociabilité. L'altruisme est l'aspect psychologique de cette propriété, et c'en est, à peu près, l'équivalent individuel. Mais c'est toujours et avant tout un produit social qui ne devient cause ou force sociale qu'au fur et à mesure de sa production même, c'est-à-dire au fur et à mesure du développement du corps social. Voilà pourquoi le fond de toute morale, dans le sens que nous donnons à ce mot, est fait exclusivement de sentiments altruistes, c'est-à-dire est formé par des considérations de bien-être social, et non pas, comme le prétendent les auteurs individualistes qui ne s'élèvent pas à la conception d'un « corps social », par des considérations d'utilité individuelle c'est-à-dire par les fameuses théories de « l'égoïsme interprété ». C'est la conscience de l'utilité sociale, l'altruisme dans la seule acceptation possible de ce mot, qui est la base immuable de la morale et du droit aussi, car le droit n'est qu'une formule pratique, trop souvent hélas ! défigurée par des éléments qui lui sont complétement étrangers, du sentiment exclusivement social que les uns appellent sentiment moral, les autres sentiment de la justice, les troisièmes sentiment altruiste. et qui. comme nous l'avons dit, doit être défini l'égoïsme social, l'instinct de conservation appartenant à toute collectivité humaine.

Quoi qu'il en soit, du reste, la question que nous avons soulevée ici d'une manière incidente, à savoir s'il y a en réalité abondance ou dénuement de faits sociaux observés, malgré sa haute importance pratique, n'intéresse que médiocrement, au point de vue de la théorie, la thèse principale que nous nous sommes proposé de défendre; car il est bien évident que, de quelque côté que tombe le diagnostic à établir à cet égard, et soit qu'il indique une véritable pléthore ou qu'il annonce une anémie sérieuse de matériaux sociologiques, la question principale : s'il faut surtout décrire, et comment, en sociologie, ou s'il faut avoir recours à certains procédés méthodologiques employés par d'autres sciences, demeure entièrement réservée. En effet, on peut répondre qu'il faut faire de la science sociale une science descriptive dans les deux cas, avec cette distinction, que, dans le second, il faut encore s'appliquer spécialement à rechercher et accumuler les faits dont on prétend manquer. Je dois remarquer, d'ailleurs, que je serai encore obligé de revenir, dans la suite de ce travail, sur cette question des matériaux de la science sociale, et c'est alors seulement que je pourrai appuyer mon opinion à ce sujet sur des arguments vraiment décisifs.

Supposons donc un instant, et sans préjuger autrement notre thèse principale, qu'il y a réellement à inscrire, au bilan de la science sociale, une richesse gnostique presque sans exemple, et demandons-nous ensuite à quoi a abouti cette abondance de faits observés et connus, ou plutôt, pourquoi elle n'a abouti à rien; car tout le monde sait que la science sociale (et ceci est vrai au même degré de la psychologie) est la plus pauvre entre toutes les sciences au double point de vue de la valeur scientifique de ses théories et de ses lois générales ou même empiriques qu'elle a su établir jusqu'ici. L'explication populaire et superficielle que tout le monde pourrait comprendre, et, au besoin, donner, de cet état de choses, se réduit à cette remarque, que toute richesse, même celle des connaissances, doit être considérée comme morte ou n'existant pas, tant qu'on ne sait pas s'en servir et tant qu'on ne l'emploie pas effectivement à son véritable usage. Or, jusqu'ici, l'homme, évidemment, n'a pas connu l'*usage scientifique* des faits psychologiques et sociologiques qu'il observait, collectionnait, amassait, et, jusqu'à un certain point, classait et analysait, pour s'en servir à de tout autres fins que le but rigoureusement scientifique, et parmi ces fins surtout à des fins pratiques, dans le sens le plus strict de ce mot. Longtemps il ne s'est même pas douté qu'une science

psychologique ou une science sociale pussent exister au même titre
que les sciences traitant des phénomènes inorganiques et organiques. Et fort longtemps après, il n'a fait que très-vaguement entre-
voir cette possibilité. Une lumière forte et pleine n'a été jetée sur ce
sujet que de notre temps, qui en est redevable surtout à Comte et
à ses grandes conceptions philosophiques.

Cette explication, pourtant, ne suffit pas ; car il reste toujours
cette question : pourquoi l'usage scientifique des faits de la société
est-il demeuré si longtemps totalement inconnu ; ou bien encore,
comment se fait-il que les faits sociaux épars et non coordonnés,
mais déjà suffisamment observés et, parfois même, profondément
analysés, abondent, et que les lois, c'est-à-dire la constatation des
uniformités de relation entre ces mêmes faits, manquent ?

Comment concilier cette apparente contradiction ? c'est-à-dire,
supposant que tel est réellement le cas, en donner la cause effi-
ciente ou l'explication naturelle ? A cette question, nous allons
essayer de donner une réponse aussi brève que possible.

Un penseur éminent de notre époque, M. Spencer, formule
cette loi psychologique, que l'ordre ou la séquence historique
et naturelle dans laquelle les différents groupes de phénomènes
sont réduits par l'esprit humain à l'uniformité de relations ou à la
loi, dépend de la fréquence avec laquelle les relations uniformes
de ces groupes se présentent distinctement, par l'intermédiaire
des sens, à notre expérience. Ainsi donc, dans toute phase de développement scientifique donnée, les mieux connues parmi les uniformités naturelles seront toujours celles qui ont le plus souvent
et le plus vivement impressionné l'esprit.

Il est assez évident que cette formule n'est qu'une paraphrase,
en termes empruntés à la psychologie, de la séquence historique
établie par Comte à la base de sa classification des sciences abstraites ; car il est indubitable que ce sont les phénomènes les plus
simples et les plus généraux, qui laissent le plus fréquemment et le
plus distinctement apercevoir leurs relations (et qui dit relations
dit relations uniformes ou lois) à nos sens et, par suite, à notre
conscience et à notre esprit. Mais M. Spencer ne se contente
pas de cette formule générale, qui s'accorde si bien avec le principe évolutif de Comte. Il la résout, en plusieurs formules particulières, ou, comme il le dit lui-même, du principe général
il tire plusieurs principes dérivés, qui doivent expliquer plus
immédiatement et, par conséquent, plus clairement, l'ordre histo-

rique dans lequel se développent nos connaissances. Ces principes sont, chez lui, au nombre de six; et. puisque chacun d'eux influe, pour sa part, sur l'ordre dans lequel apparaissent les différentes catégories de lois qui sont l'objet des différentes sciences, on pourrait les appeler influences ou conditions qui avancent ou retardent la constitution définitive de chaque science. Enumérons ces influences, ce sont: 1° la façon plus ou moins directe dont notre bien-être personnel est affecté par les phénomènes ; 2° la position plus ou moins en vue de l'un des deux phénomènes entre lesquels il s'agit de percevoir une relation ; 3° la fréquence absolue de répétition de cette relation ; il y a des relations qui sont toujours présentes, et d'autres qui sont extrêmement rares, des relations qui s'établissent complétement dans un court espace de temps et d'autres qui demandent un temps fort long pour se manifester, etc., etc. ; 4° la fréquence relative de cette répétition ou celle qui est limitée par des conditions de lieux et de temps, de pays, d'époque et de nation ; 5° la simplicité de certains phénomènes et de leurs relations ; 6° enfin, ce que M. Spencer nomme assez vaguement le degré d'abstraction d'une relation, et ce qu'il explique en disant que les relations relativement plus concrètes ou synthétiques forment toujours l'objet des premières acquisitions scientifiques.

Je crois que M. Spencer se trompe en donnant ces six principes partiels comme l'équivalent de sa première formule générale. Cette dernière ne me parait réellement coïncider qu'avec une seule de ces propositions dites dérivées : avec celle, nommément, qui se rapporte à la simplicité ou la complication des phénomènes. La simplicité d'un phénomène (ainsi que sa généralité, que M. Spencer omet entièrement, car le degré d'abstraction auquel peut être réduite une relation entre phénomènes est une chose essentiellement différente de sa généralité) est réellement une condition objective qui correspond à cette condition subjective : fréquence et vivacité d'impression produite sur l'esprit par une relation uniforme. Toutes les autres conditions énumérées plus haut n'atteignent en aucune façon ce but subjectif et psychique. Dans tous ces cas si différents, les relations uniformes dont se préoccupe avant tout la science abstraite, échappent presque totalement à notre attention. tandis que les phénomènes eux-mêmes, les faits concrets nous impressionnent et fréquemment et fortement.

La complication du phénomène empêche la vue claire de ses relations diverses, et c'est ainsi qu'on arrive inévitablement à très bien connaître certains faits et à ignorer complétement les lois qui les régissent. Cela devient de la dernière évidence dès qu'on applique chacun de ces critériums séparément, d'abord à des phénomènes simples et puis à des phénomènes compliqués. Prenons, par exemple, les phénomènes physiques d'un côté, et, de l'autre, les phénomènes biologiques ou sociaux, et comparons-les successivement à tous ces différents points de vue. Les phénomènes et les relations purement physiques, comme l'attraction des masses et des molécules, l'électricité, le magnétisme, etc., ne sauraient, sans faire violence au sens direct des mots, être présentées comme affectant plus immédiatement notre bien-être personnel, comme étant pour nous une source plus riche de peines et de plaisirs, comme s'offrant plus souvent aux sens, comme se répétant plus fréquemment en tous temps et en tous lieux, enfin, comme présentant des groupes concrets plus distincts, que l'état de notre organisme, que nos sensations, nos idées et nos passions (phénomènes qui ne nous quittent jamais), ou que les mille intérêts divers qui s'agitent au sein de la société la plus primitive. Et pourtant, la physique est une science parfaitement développée, au lieu que la biologie, la psychologie et la sociologie ne sont encore parvenues à établir que très-peu de relations uniformes entre leurs phénomènes si multiples et si variés.

Mais, en revanche, la médecine, la philosophie pratique, l'économie sociale comme un art, la politique considérée de la même manière, ont fait leur apparition bien avant les parties les plus simples de la physique scientifique.

Je crois donc pouvoir conclure, que les propositions particulières de M. Spencer, et même sa formule générale, lorsqu'elle est grossièrement interprétée, ne s'appliquent en aucune façon aux sciences des relations, c'est-à-dire, à ces groupes de lois naturelles que les modernes appellent sciences abstraites ; mais s'adaptent parfaitement aux sciences des faits — sciences dans l'ancien sens du mot, en vertu duquel on appelle encore aujourd'hui de ce nom les études pratiques sur le droit, la médecine, les différents arts techniques, l'art politique etc. etc.

De cette courte analyse de quelques idées de M. Spencer, je crois pouvoir également conclure à la vérité de ce que j'ai avancé au sujet de l'abondance de faits et d'observations, et de la pauvreté de théories et de lois, qui caractérisent la nouvelle science sociale. Cette double affirmation se trouve corroborée et vérifiée en même temps par la loi de Comte et les six propositions dérivatives de M. Spencer. En combinant cette loi et ces propositions, nous arrivons infailliblement à ce résultat, au moins aussi certain que les principes dont nous le faisons dépendre — que les faits sociaux sont, avec ou après les faits physiologiques, ceux qui, d'un côté, ont toujours donné lieu à une quantité relativement plus grande d'observations, et, de l'autre, ont laissé le moins apercevoir les relations uniformes qui les *unissent* entre eux. Ainsi disparaît l'apparente contradiction signalée plus haut entre l'abondance des matériaux de construction et l'état si peu avancé de l'édifice scientifique lui-même, le développement tardif de la science sociale. Au lieu de se contredire ou même de s'exclure mutuellement, comme cela pourrait sembler à première vue, ces deux faits apparaissent intimement liés entre eux, se supposent l'un l'autre, et sont également nécessaires et naturels.

Après avoir indiqué, aussi brièvement qu'il a été possible, les principales causes efficientes, à mon avis, de l'état actuel de la sociologie, je puis maintenant passer directement à l'exposition de quelques vues sur le caractère essentiellement descriptif de cette science. Je pose, en conséquence, ces questions : quel est le rôle de la description dans une science et qu'est-ce qu'une science descriptive ? pourquoi la science sociale serait-elle nécessairement obligée d'avoir recours aux méthodes descriptives, et comment concilier ces moyens d'investigation scientifique, assez décriés en général et plus spécialement attribués aux sciences concrètes et appliquées, avec le caractère abstrait des vérités sociologiques ? On voit facilement que le problème indiqué au début de cet essai est presque entièrement contenu dans ces questions. Je dois toutefois remarquer que je délaisse ici, à dessein, beaucoup d'arguments spéciaux, qui pourraient pourtant servir ma thèse et que je me propose de reprendre dans un essai suivant ; car je crois qu'il est plus simple de déduire d'abord le caractère spécifiquement descriptif de la sociologie directement du rôle qui appartient à la description dans les sciences en général.

L'observation, dans la plus large acception de ce mot, qui en fait le synonyme de l'expérience en général, est incontestablement la base de toute étude pouvant prétendre à un caractère scientifique. Un phénomène, ou une partie d'un phénomène, doit être observé, avant de fournir carrière à l'analyse scientifique ;

comme un objet extérieur, il doit être perçu d'abord, et puis conçu,
avant de pouvoir être observé dans le sens scientifique de ce mot.
Une observation scientifique, même quand elle porte sur le fait
le plus individuel et le plus concret, est toujours plus que ce fait
lui-même; c'est déjà une généralisation assez étendue, fondée sur
un grand nombre de perceptions et de conceptions distinctes, et
qui n'est considérée comme un fait que par rapport à des généralités plus hautes. Chacun sait, du reste, qu'il y a des observations dites plus générales, et d'autres dites plus particulières.

C'est sur cette base commune de toutes les sciences l'observation,
que se greffent naturellement les différentes méthodes dites logiques : l'induction, la déduction, les divers procédés de la concor-
dance, de la différence, de la variation concomitante, des résidus,
etc., qui sont des moyens employés par l'esprit pour atteindre
à des généralités plus hautes que celles qui sont fournies par la
simple observation. Partant, rien n'est si aisé que de supposer que
les procédés et les règles de l'observation sont les mêmes dans
toutes les sciences, qui, à cet égard, ne différeraient entre elles
que par les méthodes plus spéciales greffées sur l'observation.
C'est en effet ce qu'a toujours prétendu une logique des sciences
qu'on peut aujourd'hui considérer avec raison comme fautive et
arriérée. Les meilleurs logiciens de notre temps sont d'accord sur
ce point, que les méthodes d'induction ou de déduction ne diffèrent pas d'une science à une autre comme diffèrent les méthodes
d'observation. Les règles de l'induction ne sauraient être déter-
minées d'une façon spéciale pour chaque science, et les règles de
l'observation peuvent ou doivent l'être ; ou, comme le dit très-
bien M. Bain, « les distinctions qu'il importe de faire dans la façon
de poser le problème inductif ne correspondent pas à des distinctions dans les sciences. Il peut y avoir une logique commune pour
l'induction, quoiqu'il n'y en ait pas pour l'observation. » Il est certainement curieux et au plus haut point instructif de noter que
c'est par leur base commune, par leurs racines qui paraissent à
première vue si homogènes, et non par leurs points de culmina-
tion, que les sciences diffèrent entre elles, et que c'est déjà à cette
profondeur qu'elles divergent, pour ainsi dire, radicalement ;
plus loin, elles ne font que se rapprocher dans une double communauté, de méthodes d'abord, de fins pratiques ensuite.

Il y a donc — il y a surtout — observation et observation. Chaque
science possède un mode d'observation particulier. Et pour con-

naître et comprendre le mode spécial de chaque science, il n'y a
rien de mieux à faire que de bien considérer la nature intime des
phénomènes que cette science étudie ; car l'observation se calque
fidèlement — cela est de la dernière évidence — sur le phénomène
observé, et reproduit exactement, si je puis m'exprimer ainsi,
toutes ses aspérités et ses protubérances, ses creux et ses enfon-
cements. Un corollaire de cette vérité, plus connu qu'elle même,
consiste à dire qu'on n'apprend bien la méthode d'une science
quelconque qu'à force d'y travailler effectivement. Il y a des sciences
qui observent, pour ainsi dire, par simple intuition — nous avons
nommé les mathématiques. D'autres observent dans le sens rigou-
reux et ordinaire de ce mot — telle est l'astronomie; d'autres encore
observent à l'aide de l'expérimentation proprement dite — par
exemple la physique et la chimie ; il y en a enfin, qui observent à
l'aide de procédés spéciaux et largement employés de classification, d'arrangement, de définition, de généralisation et d'analyse
préalable, ou d'un degré inférieur comparativement aux généra-
lisations et aux analyses des méthodes plus subtiles et plus élevées
de la logique des sciences, — c'est-à-dire à l'aide de ce qu'on
nemme la *description scientifique*. Il y a donc des sciences intui-
tives ou axiomatiques, il y a des sciences d'observation pure et
simple, il y a des sciences expérimentales, et il y a, exactement
au même titre et possédant la même valeur scientifique, des sciences
descriptives. Ordinairement, pourtant, on refuse cette valeur
scientifique, ou du moins un degré égal de valeur scientifique, aux
sciences qu'on désigne sous le nom de descriptives, et qui le sont
en effet. On dit que ce sont des sciences concrètes et non pas des
sciences abstraites. Du reste, les contempteurs de la description
comme méthode fondamentale de la science, et ceux qui, en particulier, lui refusent droit de cité dans les hautes régions de l'abstraction scientifique, viennent toujours échouer sur un double
écueil, qui les divise en deux partis plus antagonistes l'un de
l'autre que nous ne pourrions l'être de chacun d'eux séparément.
Les uns voient clairement que des sciences comme la science de
la vie ou celle de la société ne peuvent être que des sciences abstraites ; et alors, pour être conséquents, ils dénient à ces sciences
le caractère de sciences descriptives, c'est-à-dire ils leur ôtent
des mains les outils qui leur sont absolument indispensables pour
faire œuvre productive ; les autres, au contraire, et ceux-là aug-
mentent chaque jour en nombre et comptent dans leurs rangs de

grandes autorités philosophiques et scientifiques, commencent à admettre que les procédés descriptifs ne sauraient être éliminés des sciences organiques et des sciences sociales sans les plonger aussitôt dans une torpeur fâcheuse ; mais, ne pouvant encore secouer le joug de cette préconception qui a envahi tant de bons esprits et qui consiste à croire qu'une science descriptive ne saurait prendre rang parmi les sciences abstraites, ils ont recours à ce triste et anti-philosophique expédient qui consiste à classer la biologie et surtout la sociologie parmi les sciences concrètes, c'est-à-dire, à dénaturer le véritable caractère de ces sciences et à en faire de simples annexes des sciences du monde inorganique.

J'ai dit, au commencement de cette étude, qu'il était impossible de ne pas constater que les différentes sciences formaient, par rapport à leurs méthodes particulières de recherches, non des unités isolées et indépendantes, mais des groupes renfermant plusieurs sciences à la fois ; j'ai dit aussi que ces groupes réunissaient les sciences voisines, d'après la classification de Comte ; enfin, j'ai indiqué que cette association intime de certaines sciences ne pouvait se fonder que sur une qualité commune de leurs phénomènes respectifs, et que cette qualité, à son tour, ne pouvait être que la plus ou moins grande complexité de ces phénomènes. Toutes ces remarques se justifient complètement par rapport aux sciences que nous appelons descriptives. Nous voyons qu'il y a réellement un groupe de sciences usant des mêmes procédés d'observation ; que ce groupe est formé de deux sciences voisines — la biologie et la sociologie, et enfin, que cette communauté de méthodes, ainsi que ce voisinage dans la série scientifique établie par Comte, ne peuvent avoir qu'une seule et même cause : la complexité analogue des phénomènes vitaux et des phénomènes sociaux.

Mais revenons à la description comme méthode particulière de découverte scientifique. Et à propos de cette qualification de méthode de découverte, je ne puis m'empêcher de remarquer que nous avons là très-certainement une des raisons pour lesquelles la science de la logique a toujours accordé si peu d'attention aux procédés descriptifs, malgré leur importance suprême pour toute une catégorie de sciences. En effet, comme chacun sait, la logique s'est presque exclusivement occupée jusqu'ici des méthodes de la preuve, soit déductive, soit inductive, et a complètement laissé hors de son cadre les méthodes infiniment plus importantes de la découverte scientifique. Je ne puis entreprendre ici d'examiner la question de savoir si elle a eu tort ou raison de limiter ainsi l'objet de ses études ; mais je remarquerais pourtant que cette exclusion me parait avoir exercé une influence désastreuse sur tous les auteurs qui ont voulu différencier les sciences d'après des principes puisés dans la logique de la preuve, c'est-à-dire d'après des principes qui sont communs à toutes les sciences et leur servent plutôt de trait d'union que d'élément de division, au lieu de chercher la cause de cette différenciation naturelle dans les conditions qui régissent l'observation et la découverte scientifiques.

La description qui appartient aux sciences organiques et sociales est encore de l'observation, mais c'est déjà une observation transformée ou prolongée, comme on voudra. De même l'expérimentation qui appartient aux sciences inorganiques est toujours de l'observation, quoiqu'elle soit indubitablement une observation autrement conditionnée que l'observation pure et simple de l'astronomie et l'observation intuitive de la mathématique. Pour rendre la même idée plus acceptable aux esprits auxquels il répugnerait d'identifier les procédés en apparence si dissemblables de l'observation et de la description, on pourrait dire encore que cette dernière est un complément presque toujours utile et quelquefois absolument nécessaire de la première. On pourrait présenter la description comme une étape ou une phase particulière du travail scientifique, comme un degré intermédiaire dans cette idéalisation, cette abstraction de la réalité qui forme l'essence de la science et aboutit à la découverte des relations uniformes, ou lois, de plus en plus générales des phénomènes. On pourrait, en un mot, comparer l'observation ordinaire à ce premier travail essentiellement extractif qui, dans l'économie industrielle, fournit la matière première ou le produit brut, et la description à cette métamorphose secondaire qui, sans arriver encore au produit achevé, fait pourtant éprouver à la matière première une transformation aussi profonde qu'indispensable. Cette comparaison me paraît parfaitement juste.

En effet, ce n'est pas autre chose que la nature particulière des phénomènes biologiques et sociaux qui rend nécessaire, à leur égard, un travail de préparation et d'élaboration intermédiaire entre la simple observation ou collection des faits et les derniers efforts de l'abstraction et de l'analyse; c'est également la nature

particulière et différente des phénomènes physiques et chimiques
qui nécessite, à leur égard, une préparation intermédiaire différente, appelée expérimentation ; c'est enfin la simplicité plus
grande et les conditions particulières des phénomènes de la mécanique céleste qui permettent à l'astronomie d'arrêter l'élaboration
ou la préparation scientifique de ses phénomènes à la première
phase du travail de la science, et de leur y donner déjà tout le
fini scientifique voulu ; et la même remarque s'applique, à un
degré supérieur, aux mathématiques, dans lesquelles l'observation se dépouille de presque tous ses caractères logiques plus
compliqués, pour apparaître sous la forme simple et primordiale
de l'intuition. Pour éviter tout malentendu, je dois pourtant
ajouter que, lorsque j'attribue la description à la biologie et à la
science sociale, et l'expérimentation à la physique et de la chimie,
j'ai en vue une prépondérance marquée de ces modes et non leur
exclusion totale ; car il est évident qu'il n'y a pas de science qui
puisse se passer absolument de description, comme il n'y a pas
de science où l'expérimentation ne puisse se faire une place, si
minime et modeste qu'elle soit.

Une règle empirique générale, mais dont la vérification psychologique ne me paraît pas impossible, gouverne l'emploi et limite
le rôle de la description dans les différentes sciences. D'après cette
règle, le rôle de la description dans une science, ou dans la série
scientifique en général, s'étend et gagne en importance à mesure
que les phénomènes qu'il s'agit d'observer et dont s'occupe telle
ou telle science, deviennent plus compliqués. Un travail scientifique intermédiaire, un degré de préparation de plus, devient nécessaire, chaque fois qu'il s'agit de phénomènes difficiles à
analyser en dernière instance, en raison de leur complication plus
grande, de l'enchevêtrement souvent inextricable de leurs causes
multiples et de leurs effets variés. Ceci me paraît pouvoir être
compris, comme les axiomes, presque intuitivement, grâce aux
connaissances empiriques très-étendues que chacun de nous possède sur la nature humaine et sur l'esprit humain.

Ainsi, il est clair que, dans les sciences « à phénomènes très-
simples, » la description de ces derniers, comme travail scientifique indépendant quoique préparatoire, est à peu près inutile.
L'observation, cette première division et cette base de tout travail
ultérieur, remplit déjà l'office de la description proprement dite.
Les phénomènes concrets sont si simples, un phénomène ressem-

ble tellement à l'autre et s'en distingue si peu, qu'une seule observation, ici, équivaut à des centaines et des milliers d'observations dans les sciences plus compliquées. Il y a donc, dans les sciences simples, comparativement, assez peu de marge, pour l'enregistrement, l'ordination ou l'ordonnance et la classification des observations, — et c'est précisément cet enregistrement, cette ordonnance, cette classification, fondées sur, et aidées par une analyse exacte des points de contact et de divergence entre les phénomènes, qu'on appelle description scientifique. Une seconde règle auxiliaire de la règle principale ressort de cette explication : règle, d'après laquelle la nécessité de la description scientifique croît proportionnellement au nombre, non pas absolu, mais relatif, des observations dans une science ; c'est-à-dire, que plus une science aura besoin de multiplier et de varier ses observations, plus aussi elle se verra dans la nécessité de les arranger, de les distinguer, de les définir, de les classer, en un mot, de les décrire.

La science si simple de la mécanique, tant terrestre que céleste, est une science toute d'observation. L'expérimentation lui est inconnue. Ses observations sont bien moins multiples et variées, quant à chaque phénomène particulier, que celles auxquelles on se livre dans le reste de la série scientifique[1]. L'observation et la description se confondent ici dans un seul acte scientifique, comme le travail dans ces industries simples où la division technologique est inconnue.

Les sciences immédiatement plus élevées, la physique et, surtout, la chimie, accordent, exactement à mesure que croît la complication de leurs phénomènes, une place de plus en plus grande à cet ensemble de procédés scientifiques préparatoires que nous appelons description. La nomenclature chimique en est un exemple frappant ; la nomenclature ici n'est qu'une forme de description spéciale à la chimie. Ceci est évident, car ce qu'on nomme nomenclature chimique n'est qu'une classification ayant une base spéciale et s'adaptant d'une manière admirable aux exigences

---

[1] Une exception apparente est présentée par l'astronomie, où les observations, sans être variées, car elles portent toujours sur un seul et même aspect du phénomène observé, sont souvent multipliées jusqu'au point de former des listes infinies ; et pourtant, il n'y a rien à décrire en astronomie, tant ses phénomènes sont simples, et tant l'un est la répétition exacte de l'autre. Ici, la règle principale est confirmée, mais la règle secondaire paraît être en défaut. Il serait trop long, mais non pas trop difficile, d'expliquer cette exception, c'est-à-dire de montrer qu'elle n'infirme nullement la valeur théorique de notre seconde règle.

particulières de la science chimique. Ce second groupe de sciences est, d'ailleurs, celui où l'observation proprement dite cède le pas à l'expérimentation. L'expérimentation est un moyen excessivement efficace de raccourcir le long chemin qu'on serait, sans son aide, obligé de parcourir avec ce seul guide, l'observation ordinaire ; et en cela, l'expérimentation ressemble, jusqu'à un certain point, à la description qui, elle aussi, est destinée à faciliter un travail hors de proportions avec les forces de notre esprit. L'expérimentation abrége l'observation, en extrait à peu de frais la moelle, en recueille la véritable quintessence ; en un mot, elle supprime la multiplication et la variation indéfinie des observations. Elle n'est nullement incompatible avec la description ; mais elle l'exclut ordinairement, et cela, par la raison simple qu'elle la remplace avantageusement. Ainsi donc, elle apparaît avec tous les caractères d'une influence contraire à la description. Il est indubitable, que cette influence se fait fortement sentir dans la physique et la chimie, où elle entraîne, comme conséquence naturelle, un rétrécissement notable du rôle de la description. On peut donc ajouter cette nouvelle règle auxiliaire, à la règle principale indiquée plus haut : plus l'expérimentation est possible, moins la description est nécessaire. Pourtant, comme on le voit par les exemples de la chimie et de certaines parties de la physique, qui recourent encore aux procédés descriptifs, cette règle ne peut contre-balancer entièrement l'action de la règle principale, qui se rapporte à la complexité des phénomènes.

Dans la biologie, où la complication des phénomènes devient tout-à-coup incomparablement plus grande, nous sommes, tout d'un coup aussi, transporté dans le véritable domaime de la description. Ici, toute la science, du commencement à la fin, d'un bout à l'autre, est descriptive par excellence. Qu'il n'en puisse être autrement, il n'est nullement difficile de le comprendre, si l'on songe que la loi générale et les deux lois dérivées indiquées plus haut se combinent dans ce cas pour produire un seul et même résultat. En effet, nous voyons ici une complication extraordinaire des phénomènes, aboutissant d'un côté, à la nécessité de multiplier et de varier à l'infini les observations, et de l'autre, à une difficulté toujours croissante d'instituer des expériences « décisives ». Les expériences sont possibles en biologie, et même en sociologie, mais elles y sont rarement décisives ; car elles ne sauraient ni éliminer toutes les causes accidentelles, ni prévoir tous les effets possibles d'un phénomène donné. En conséquence, dans la biologie, l'observation est la seule base possible, le véritable fondement, l'assise principale de l'édifice scientifique. L'expérimentation proprement dite n'en est qu'un des supports les plus puissants. Quant à la description, elle est l'échafaudage indispensable et dont on ne saurait se passer pour construire l'édifice lui-même, pour atteindre ces hautes abstractions, ces existences idéales qu'on appelle lois.

Ces considérations s'appliquent également à la sociologie : tout ce qui est vrai des méthodes biologiques doit l'être, au même titre, des méthodes sociologiques, puisque les conditions objectives qui caractérisent les phénomènes respectifs de ces sciences sont, ou essentiellement les mêmes, ou très-rapprochées. En conséquence, je crois directement utile à mon sujet de m'arrêter un peu plus longtemps sur le chapitre de la biologie, et de relever ici quelques erreurs courantes quant au rôle de la description dans les sciences organiques en général. Les remarques que nous aurons à faire à ce propos nous conduiront naturellement, comme on le verra tout de suite, à cette question d'un ordre philosophique très-élevé, à savoir : ce qu'il faut entendre par *science concrète* , et si cette application n'est pas, par une extension fausse et fondée sur une analogie irrationnelle, prodiguée aujourd'hui à des sciences qui sont seulement descriptives.

(A suivre).   E. DE ROBERTY.

VERSAILLES. — IMPRIMERIE CERF ET FILS. 59, RUE DU PLESSIS.